Funktionsreferenzmodell
für Enterprise Resource Planning
(ERP-) Software

Teil 9: Produktion

Medine Ata

Funktionsreferenzmodell für ERP- Software

Teil 9: Produktion

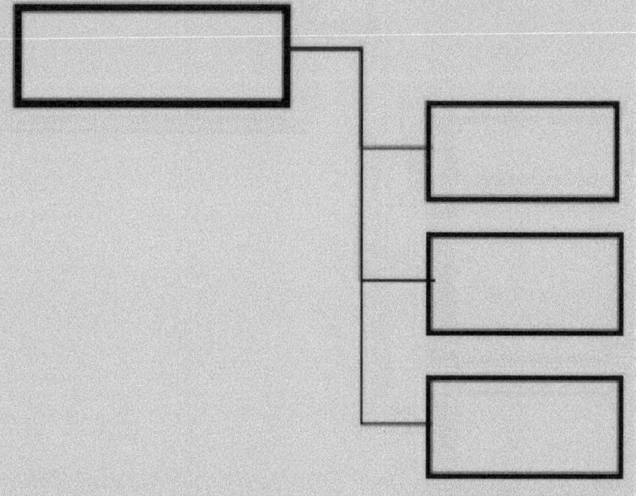

Bibliografische Information der Deutschen Nationalbibliothek: Die Deutsche Nationalbibliothek verzeichnet diese Publikation in der Deutschen Nationalbibliografie; detaillierte bibliografische Daten sind im Internet über dnb.dnb.de abrufbar.

Herstellung und Verlag: BoD – Books on Demand, Norderstedt
ISBN: 9783757818272

1 Inhalt

2 Abbildungsverzeichnis

3   Einleitung

In unserer Buchreihe „Funktionsreferenzmodell für Enterprise Resource Planning (ERP-) Software" wird in mehreren Bänden durch ein Funktionsreferenzmodell erklärt und gezeigt, wie ein ERP-System aufgebaut ist und wie es funktioniert. Dieses Buchexemplar befasst sich mit dem Modul für die Produktionsverwaltung dieser ERP-Systeme.

In diesem Projekt werden drei ERP-Systeme untersucht und die jeweiligen Funktionsrmodelle erstellt. Im Anschluss wird ein Gesamtmodell erstellt, welches eine Vereinigung der vorherigen Entwürfe darstellt.

4   Was ist ein ERP-System

Die Abkürzung ERP steht für 'Enterprise Resource Planning'. Dem im Deutschen weniger verwendeten Namen 'Unternehmensressourcenplanung' kann man schon entziehen, dass es sich bei dem System um eine Software handelt, mit der Unternehmen all ihre Kernprozesse, die zur Führung und Verwaltung einer Firma nötig sind, steuern. Darunter zählen unter anderem die Lagerlogistik, der Einkauf, der Vertrieb, das Personalwesen, das Controlling, das Marketing, die Finanzierung, das Projektmanagement sowie die Produktion. Häufig wird ein ERP-System auch als 'Aufzeichnungssystems des Unternehmens' bezeichnet. Da diese Systeme sehr umfangreich sind, werden in dieser Buchreihe nur ausgewählte Bereiche vorgeführt, analysiert und verglichen.

Die Nutzung dieser Software bietet sechs Vorteile:

1.   Höhere Produktivität

2.   Mehr Transparenz

3. Schnelleres Reporting

4. Geringeres Risiko

5. Einfachere IT

6. Höhere Agilität

Die bekanntesten und größten ERP-Anbieter in Deutschland sind 'SAP', 'Oracle', 'Sage', 'Microsoft', 'Datev' und 'Infor'.[1]

5 Was ist ein Funktionsreferenzmodell
5.1 Funktionsmodell

In einem Funktionsmodell wird die Funktionalität eines Systems beschrieben und strukturiert. Dabei können folgende Aspekte modelliert werden:

- Der Control Flow ('Steuerfluss') in einem System

- Der Dataflow ('Datenfluss') zwischen Funktionen eines Systems

- Der Workflow ('Arbeitsfluss') in einem Arbeitsprozess[2]

5.2 Referenzmodell

Unter einem Referenzmodell versteht man eine formalisierte Abbildung eines Systems, welches einen bestimmten Zweck darstellt. Sie werden

---

[1] SAP Deutschland SE & Co. KG 2023.
[2] Glinz.

genutzt, um schon bestehende Systeme zu vergleichen und um anhand des Modells neue Systeme zu entwickeln.[3]

5.3 Funktionsreferenzmodell

Der Zusammenschluss aus einem Funktions- und einem Referenzmodell wird als Funktionsreferenzmodell bezeichnet. Es weist die gleichen Funktionen wie die zuvor vorgestellten Modelle auf.

Auf der folgenden Seite befindet sich das Funktionsreferenzmodell aus den einzelnen Funktionsmodellen vom Modulproduktion der Anbieter Microsoft Dynamics 365 Business Central, Weclapp und MyFactory.

Eine umfassende Lösung für die effektive Steuerung und Verwaltung des gesamten Produktionsprozesses wird durch das Modul "Produktion" in einem ERP-System angeboten. Es hilft Unternehmen bei der Planung von Arbeitsabläufen, der Verwaltung von Stücklisten und der Ressourcenplanung.

Darüber hinaus ermöglicht es eine präzise Planung der Kapazität, um sicherzustellen, dass Produktionsaufträge termingerecht und mit optimaler Auslastung ausgeführt werden.

Insgesamt ist das Produktionsmodul in einem ERP-System eine integrierte Plattform, die alle Aspekte der Produktion von der Planung bis zur Auslieferung abdeckt. Es verbessert die Effizienz, die Ressourcenauslastung, die Materialplanung und die Produktqualität. Unternehmen können ihre Produktion effektiv steuern und einen Wettbewerbsvorteil erzielen, indem sie den Produktionsprozess zentral verwalten und kontrollieren.

---

[3] Ibo Akademie GmbH 2023.

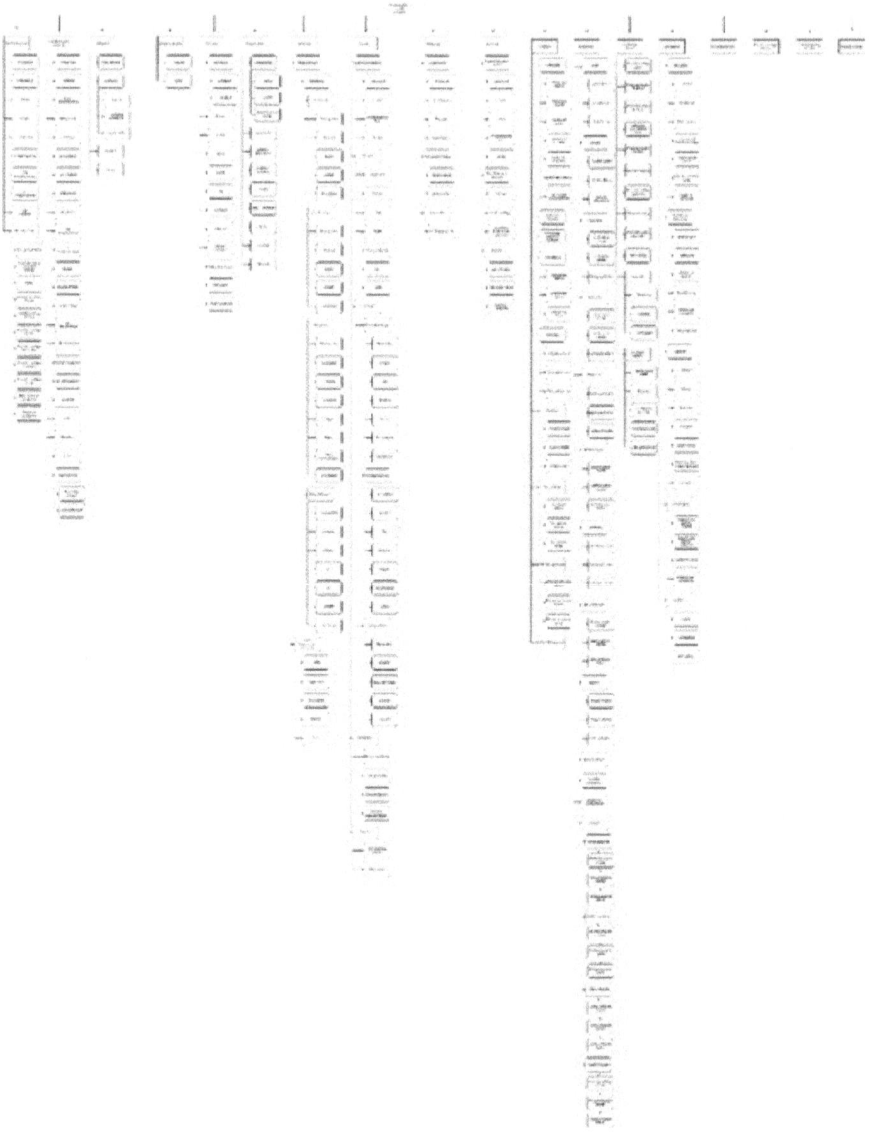

Abbildung 1: Funktionsreferenzmodell

6 Ausgewählte ERP-Systeme

6.1 Microsoft Dynamics 365 Business Central

Microsoft Dynamics 365 Business Central (MD-365-BC) ist ein ERP-System, das verschiedene Geschäftsbereiche wie Finanzbuchhaltung, Bestandsverwaltung, Produktionsplanung, Logistik, Artikelverfolgung, Projekte, Service und Vertrieb in einer umfassenden Lösung integriert. Es bietet grundlegende Funktionen für mittelständische Unternehmen sowie die Möglichkeit, eine Verbindung zu einer Vielzahl von Expertendiensten und der Microsoft Office-Suite herzustellen.

MD-365-BC ermöglicht es Unternehmen, effizienter zu arbeiten, indem es eine nahtlose Integration zwischen verschiedenen Geschäftsbereichen und externen Diensten bietet. Dies führt zu einer optimierten Geschäftsabwicklung und einer verbesserten Zusammenarbeit innerhalb des Unternehmens.

Zusätzlich bietet MD-365-BC den Unternehmen die Flexibilität, die Lösung entsprechend ihren individuellen Anforderungen anzupassen und zu erweitern. Durch die Integration mit der Microsoft Office Suite können Benutzer beispielsweise Daten und Informationen aus dem ERP-System in vertrauten Anwendungen wie Excel oder Outlook nutzen.

Mit der Kombination aus umfassenden Funktionen, Erweiterbarkeit und Integration in die Microsoft Office Welt wird eine ganzheitliche Lösung geboten, die den Bedürfnissen mittelständischer Unternehmen gerecht wird.

Bereits im anpassbaren "modernen Arbeitsplatz" von MD-365-BC können nicht nur ERP-Daten, sondern auch Notizen, E-Mails, Aufgaben oder Maschinenevents integriert werden. Durch geeignete Datenhubs können zudem Maschinendaten in Echtzeit angezeigt, Dashboards für Analysen integriert und Geoinformationen für Tourenplanungen genutzt werden.

Insgesamt ist Microsoft Dynamics 365 Business Central sehr flexibel bei der Arbeit. Mitarbeiter im Vertrieb haben die Möglichkeit, Aufträge oder Reklamationen direkt in Outlook zu bearbeiten und dabei vollständig auf die ERP-Daten zuzugreifen. Die Service-Techniker haben die Möglichkeit, mobil auf relevante Geräteinformationen zuzugreifen und den aktuellen Saldo des Unternehmens jederzeit im Auge zu behalten.[4]

6.2 MyFactory

MyFactory ist eine Cloud-basierte ERP-Lösung, die Unternehmen dabei hilft, ihre Geschäftsprozesse effektiv zu verwalten. MyFactory ermöglicht es Unternehmen, eine Vielzahl von Funktionen wie Finanzbuchhaltung, Warenwirtschaft, Produktion, Vertrieb, Einkauf und CRM in einer einzigen Plattform zu integrieren.

Unternehmen können ihre individuellen Bedürfnisse mit einer Vielzahl von Modulen und Kapazitäten erfüllen. Die monatliche Anpassung der Abonnements ermöglicht es Unternehmen, ihre ERP-Lösung flexibel anzupassen und an Veränderungen anzupassen.

Da MyFactory Cloud ERP in der Cloud gehostet wird, entfällt eine umfangreiche Installation. Unternehmen können einfach loslegen, weil MyFactory in der Public Cloud alle Aspekte des Hostings, der Systemwartung und der Updates übernimmt. Unternehmen können auch eine Private Cloud wählen, bei der die Software von einem MyFactory-Partner auf individuelle Bedürfnisse angepasst wird.

MyFactory legt großen Wert darauf, produzierende Unternehmen zu unterstützen. Die Lösungen ermöglichen es KMU, externe Produktionskapazitäten zu nutzen oder ihre Produktion auf mehrere Standorte zu verteilen.

---

[4] MODUS Consult GmbH 2023.

Dadurch werden die Planung und Steuerung der Produktion einfacher und effektiver.

Insgesamt stellt MyFactory eine individuelle ERP-Lösung für Unternehmen jeder Größe zur Verfügung. Die Cloud-basierte Plattform ermöglicht eine effiziente Verwaltung der Geschäftsprozesse sowie Flexibilität und Skalierbarkeit. Unternehmen können ihre Prozesse effizienter gestalten, ihre Ausgaben senken und weiterhin im Wettbewerb bleiben.[5]

6.3 Weclapp

Weclapp ist ein bekannter Anbieter von cloudbasierter Unternehmenssoftware und bietet eine breite Palette von ERP-Lösungen an. Unternehmen können ihre Geschäftsprozesse effektiver verwalten und optimieren, indem sie verschiedene Bereiche wie Auftragsverwaltung, Lagerhaltung, Finanzbuchhaltung, Vertrieb, Einkauf und Kundenmanagement in eine integrierte Plattform integrieren. Unternehmen können über das Internet jederzeit und von jedem Ort aus auf ihre Geschäftsdaten zugreifen. Dies ermöglicht es den Benutzern, sehr flexibel und mobil zu sein.

Weclapp legt großen Wert auf Benutzerfreundlichkeit. Die Software hat ein übersichtliches Design und eine einfach zu bedienende Benutzeroberfläche. Neue Benutzer können die vielen Funktionen schnell verstehen und davon profitieren. Außerdem bietet Weclapp eine Vielzahl von Automatisierungsoptionen, um wiederkehrende Prozesse zu erleichtern und Zeit zu sparen.

Ein weiterer Vorteil von Weclapp ist die Skalierbarkeit der Lösung. Unternehmen haben die Möglichkeit, die Software individuell zu erweitern und anzupassen. Durch die Integration zusätzlicher Module und Funktionen

---

[5] Pannier 2023.

8

können Unternehmen ihre ERP-Lösung an ihre spezifischen Anforderungen anpassen.

Darüber hinaus bietet Weclapp einen hervorragenden Kundenservice. Das Unternehmen bietet Schulungen, Support und regelmäßige Updates, um sicherzustellen, dass Kunden stets von den neuesten Funktionen und Verbesserungen profitieren.

Zusammenfassend können Unternehmen mit Weclapp eine moderne und umfassende Lösung nutzen, um ihre Geschäftsprozesse zu verbessern und die Effizienz zu steigern. Aufgrund seiner Skalierbarkeit, Benutzerfreundlichkeit und cloudbasierten Plattform wird Weclapp zu einem verlässlichen Partner für Unternehmen aller Größen.[6]

7 Die ERP-Systeme im Vergleich

ERP-Lösung und konzentriert sich darauf, eine umfassende Lösung für Unternehmen aller Größen zu bieten. Unternehmen können mit Weclapp eine Vielzahl von Aktivitäten wie Auftragsverwaltung, Lagerhaltung, Finanzbuchhaltung, Vertrieb, Einkauf und Kundenmanagement in einer einzigen integrierten Plattform kombinieren. Die Benutzerfreundlichkeit der Software und ihr übersichtliches Design ermöglichen eine schnelle Einarbeitung. Außerdem gibt es bei Weclapp zahlreiche Optionen zur Automatisierung, die dazu beitragen, wiederkehrende Prozesse zu effizienten und Zeit zu sparen. Die Skalierbarkeit der Lösung von Weclapp ermöglicht es Unternehmen, die Software entsprechend ihren individuellen Anforderungen zu erweitern und anzupassen.

Bei der Auswahl eines ERP-Anbieters ist es wichtig, die individuellen Bedürfnisse und Anforderungen des Unternehmens zu berücksichtigen. Besonders

---

[6] Weclapp GmbH 2023.

geeignet für mittlere bis große Unternehmen, die eine umfassende und integrative Lösung benötigen, ist Microsoft Dynamics 365 Business Central. Im Gegensatz dazu richtet sich MyFactory an kleine und mittlere Unternehmen, die eine einfache und flexible ERP-Lösung suchen. Weclapp ist eine cloudbasierte Plattform, die sich auf Benutzerfreundlichkeit und Skalierbarkeit konzentriert. Letztendlich hängt die Wahl des richtigen ERP-Anbieters von den individuellen Anforderungen und Zielen des Unternehmens ab. Um die beste Lösung für das Unternehmen zu finden, ist es ratsam, die Funktionen, Benutzerfreundlichkeit, Integrationsoptionen, Skalierbarkeit und Kundenservice der verschiedenen Anbieter sorgfältig zu bewerten.

8 Anhang

8.1 Einzelfunktionsmodell zu Microsoft Dynamics 365 Business Central

Das Modul Produktion wird bei diesem ERP-Anbieter in vier Verwaltungstools aufgeteilt, diese Tools sind Kapazitäten Planung Arbeitsgänge und Bewertung alle dieser Tools haben zahlreiche Unterkategorien, die zur strukturierten Verwaltung beitragen.

Die Kapazitäten werden in verschiedene Posten unterteilt, wobei man in dem Posten noch verschiedene Daten über die jeweiligen Produkte angeben kann wie zum Beispiel die Artikelnummer und das Buchungsdatum, ebenfalls kann man hier, wie der Name bereits sagt die vorhandenen Kapazitäten also die Menge der Ressourcen im Auge behalten.

In den Verwaltungstool Planung werden Daten wie Aufträge Bestellungen und Berichte verwaltet.

Was Arbeitsgängen kann man die Abläufe verfolgen und sich verschiedene Posten und Belege erstellen und anzeigen lassen. Unterbewertungen kann man Lager Erhaltungseinheiten erstellen und verwalten ebenfalls kann man hier auch zum Beispiel Berichte erstellen und vieles mehr. Die detaillierten Unterteilungen der Verwaltungstools sind in den nachfolgenden Abbildungen dargestellt.

Abbildung 2: Funktionsmodell zu Microsoft Dynamics (1)

12

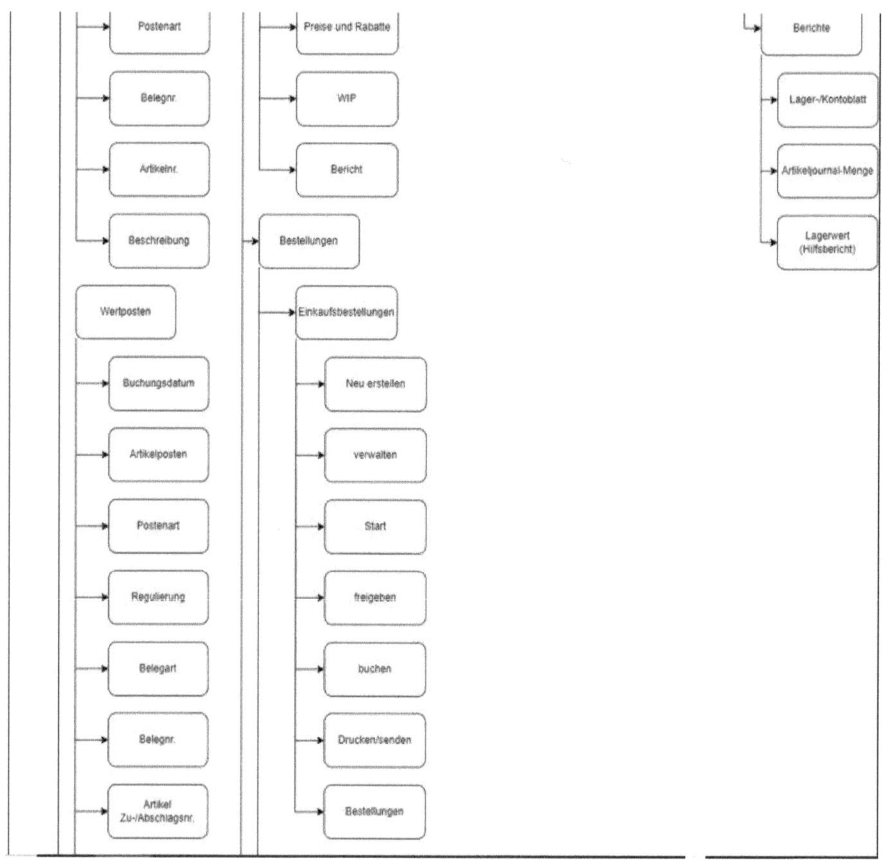

Abbildung 3: Funktionsmodell zu Microsoft Dynamics (2)

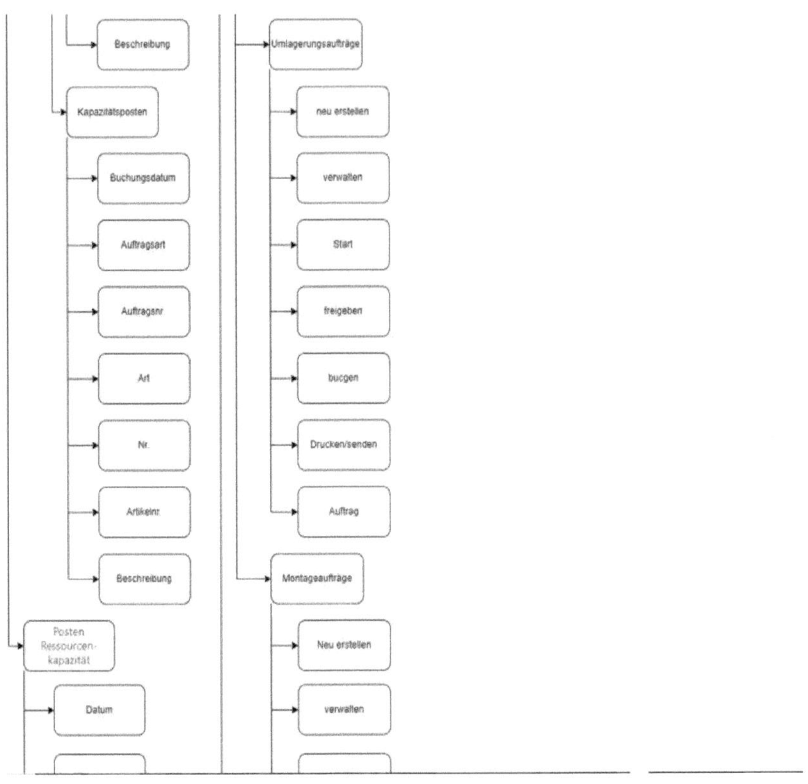

Abbildung 4: Funktionsmodell zu Microsoft Dynamics (3)

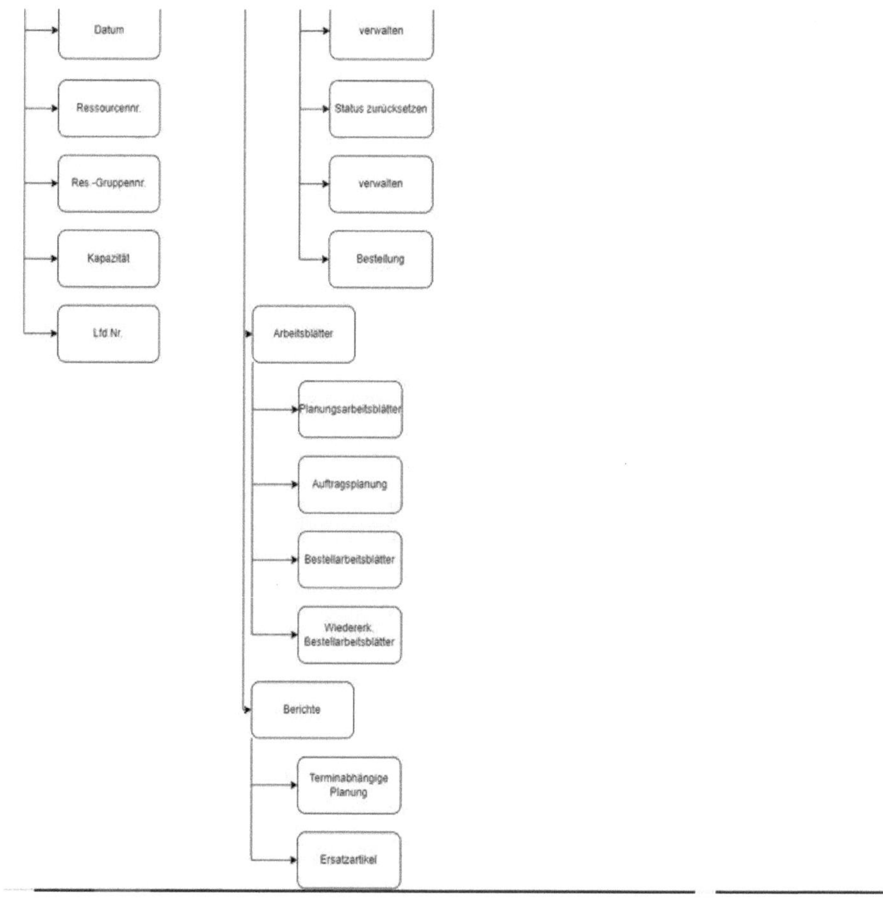

Abbildung 5: Funktionsmodell zu Microsoft Dynamics (4)

8.2 Einzelfunktionsmodell zu Weclapp

Das Modul Produktion wird bei diesem ERP-Anbieter in 6 verschiedene Verwaltungstools unterteilt diese sind Produktionsaufträge, Produktionsauftragsposition, Arbeitspläne Arbeitsplanzuordnung Stücklisten und Unterpositionen.

Unter Produktionsaufträge werden verschiedene Daten wie zum Beispiel die Verfügbarkeit von bestimmten Artikeln und die geplanten Produktionsmengen gespeichert.

Das Tool Produktionsauftragspositionen speichert Daten zu Buchungen entnahmemengen und weitere Bemerkungen.

Die Tools Arbeitspläne und Arbeitsplanzuordnung sind in Weclapp relativ klein gehalten, hier werden nur Arbeitspläne erstellt verwaltet. Ebenfalls kann der Verlauf dieser hier gesichtet werden.

Die Stücklistenverwaltung ermöglicht die Speicherung der Artikel und gewissen Eigenschaften der Artikel wie zum Beispiel der Art, bestimmten Kennzeichen und dem Einkaufspreis.

In dem Tool Unterpositionen können verschiedene Massenaktionen gespeichert und verwaltet werden. Die detaillierten Unterteilungen der Verwaltungstools sind in den nachfolgenden Abbildungen dargestellt.

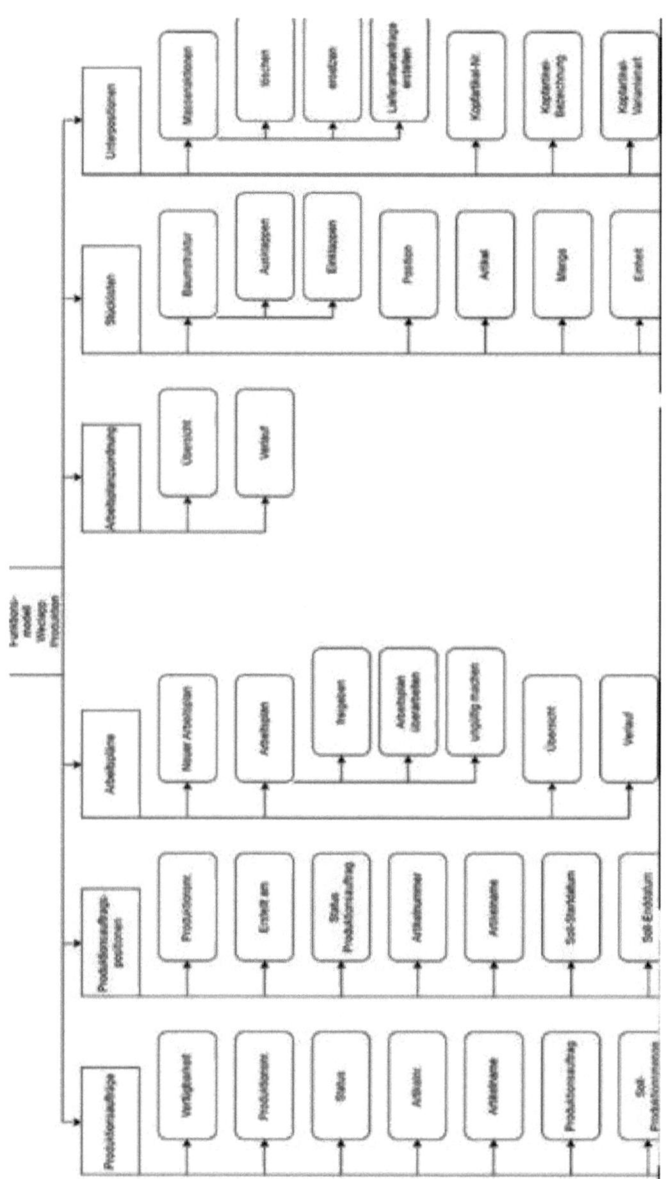

Abbildung 6: Funktionsmodell Weclapp (1)

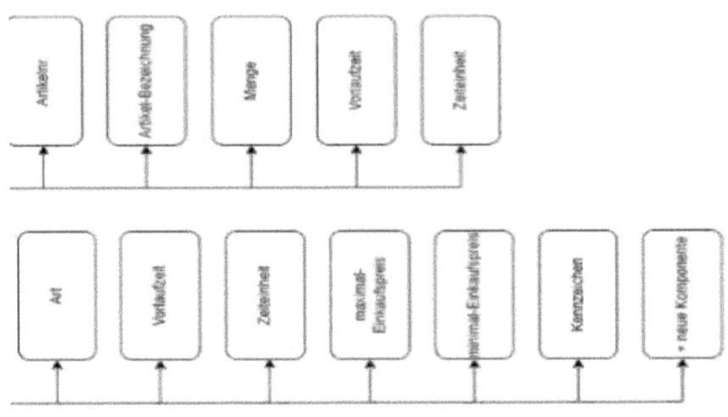

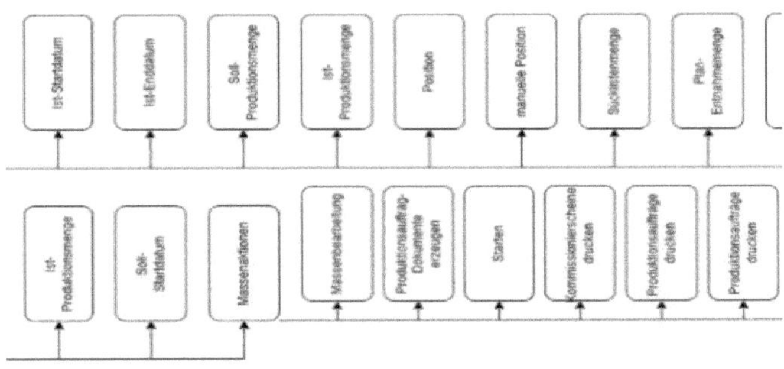

Abbildung 7: Funktionsmodell zu Weclapp (2)

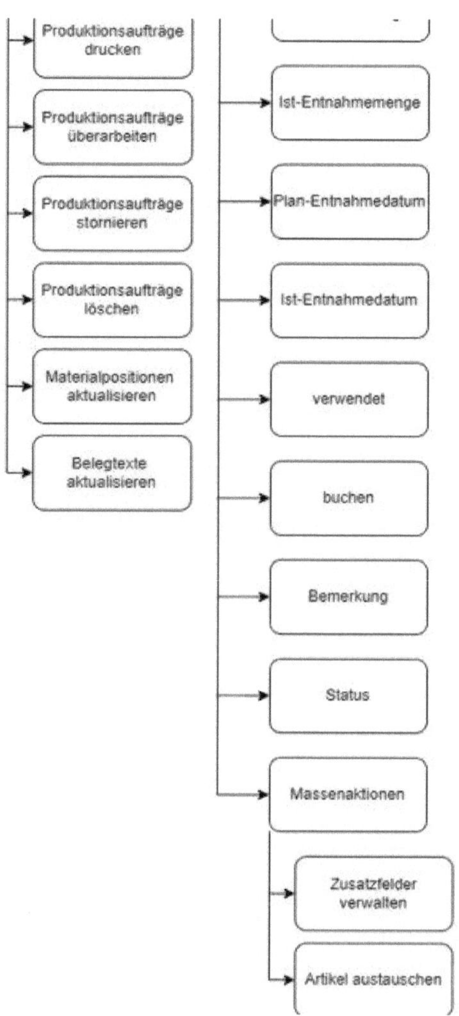

Abbildung 8: Funktionsmodell zu Weclapp (3)

8.3 Einzelfunktionsmodell zu MyFactory

Das Modul Produktion wird bei diesem ERP-Anbieter was macht verschiedene Verwaltungstools unterteilt. Wobei die ersten vier Tools mehrere vielfältige Unterkategorien besitzen und die letzten vier Tools nicht. Es handelt sich um die Tools Grundlagen, Stammdaten, Produktionsablauf, Auswertungen, Fertigungsdisposition, Produktionsauftragsübersicht, Produktionsauftrag bearbeiten und Planungsmanager.

Mit dem Tool Grundlagen kann man Konfiguration und verwalten Zeitmodelle erstellen Prioritäten erstellen verschiedene Dokumente drucken und vieles mehr.

Das Tool Stammdaten ermöglicht es eine Artikel- und Stücklisten-Übersicht sowie Einträge bezüglich den Arbeitsgängen Arbeitsplätzen, Ressourcen und weiteres zu erstellen.

Unter Produktionsablauf können verschiedene Aufträge angelegt und verwaltet werden Und unter dem Verwaltungstool Auswertungen können verschiedene Übersichten bezüglich der Ressourcenauslastung etc. erstellt werden. Auch die Kalkulation findet in diesem Tool statt. Die detaillierten Unterteilungen der Verwaltungstools sind in den nachfolgenden Abbildungen dargestellt.

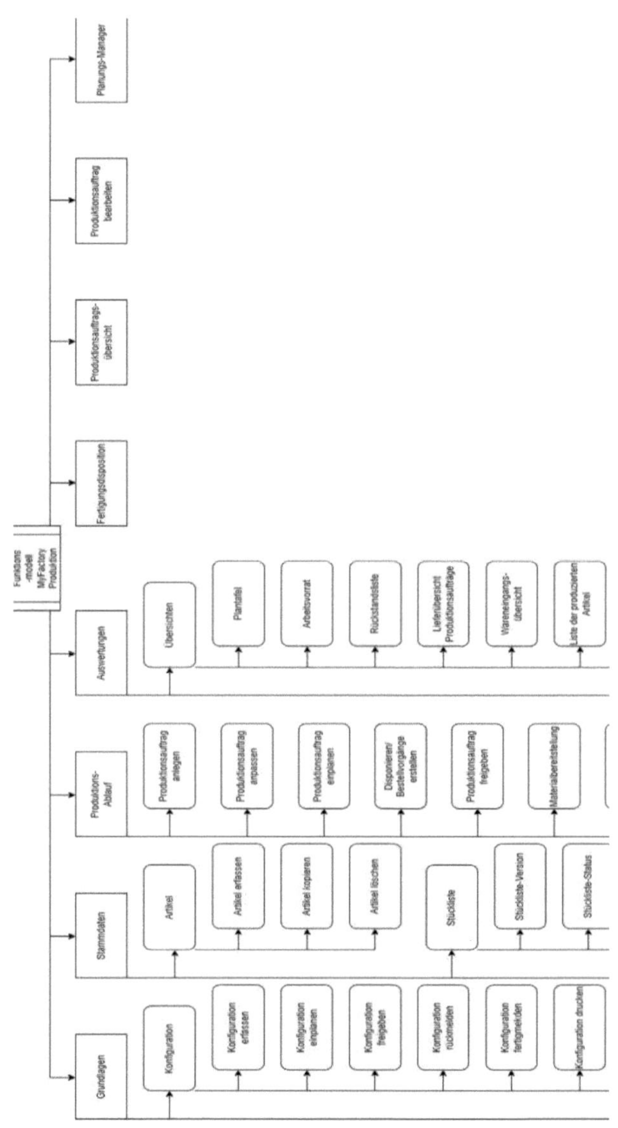

Abbildung 9: Funktionsmodell zu MyFactory (1)

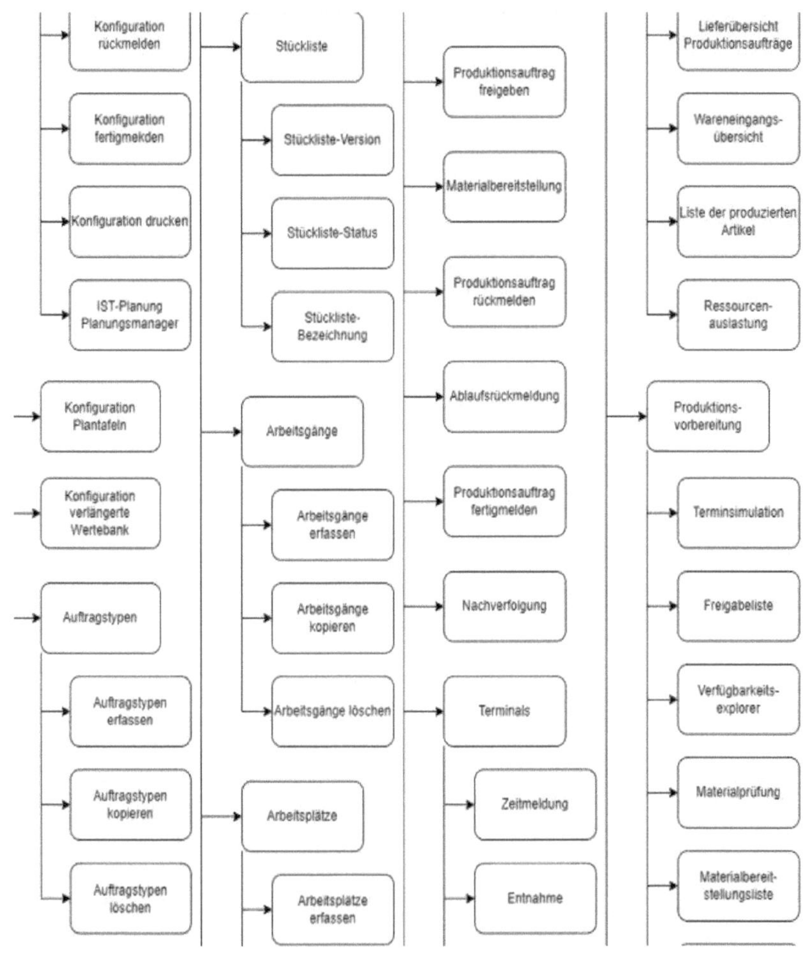

Abbildung 10: Funktionsmodell zu MyFactory (2)

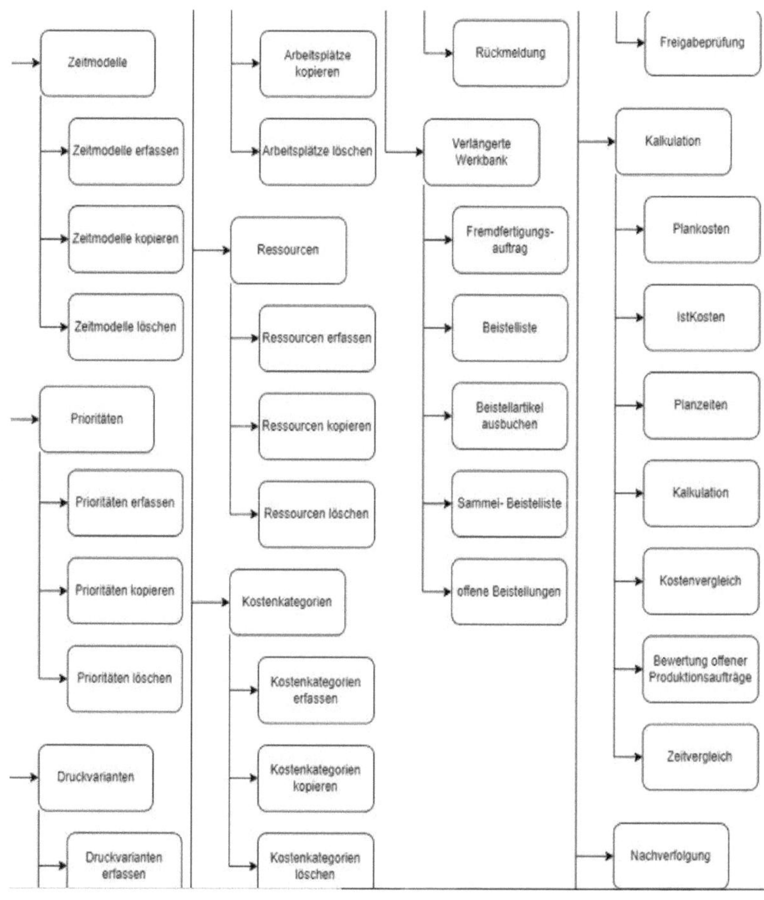

Abbildung 11: Funktionsmodell zu MyFactory (3)

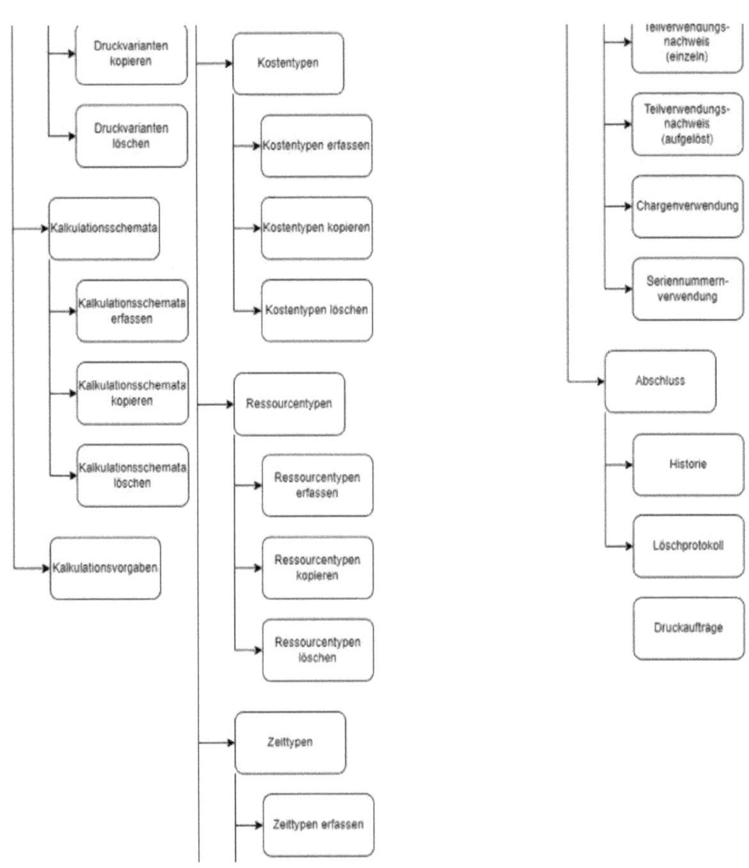

Abbildung 12: Funktionsmodell zu MyFactory (4)

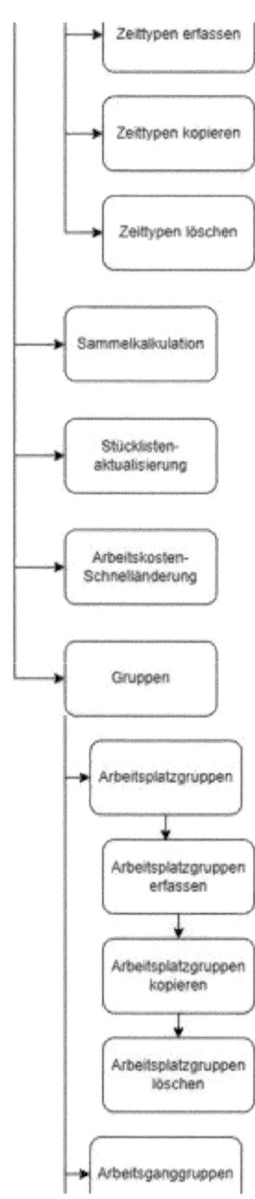

Abbildung 13: Funktionsmodell zu MyFactory (5)

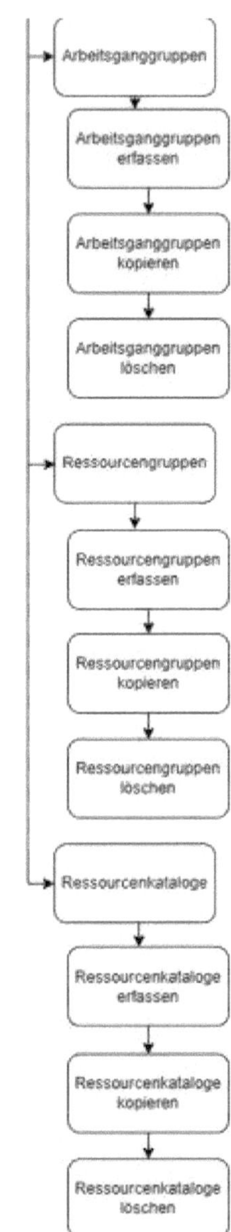

Abbildung 14: Funktionsmodell zu MyFactory (6)

9 Literaturverzeichnis

Glinz, Martin: Funktionsmodelle. URL: https://files.ifi.uzh.ch/rerg/amadeus/teaching/courses/infII_ss04/kapitel_03.pdf, Stand: 21.05.2023.

ibo Akademie GmbH (Hg.) (2023): Referenzmodell | Glossar. URL: https://www.ibo.de/glossar/definition/referenzmodell, Stand: 21.05.2023.

MODUS Consult GmbH (Hg.) (2023): Microsoft Dynamics 365 Business Central. URL: https://www.modusconsult.de/business-it/erp/microsoft-dynamics-365-business-central, Stand: 21.05.2023.

pannier, Marcus (2023): Cloud ERP Software für die Produktionsbranche & Fertigung | myfactory. Hg. v. myfactory International GmbH. URL: https://www.myfactory.com/einsatzgebiete/produktion/?hsCtaTracking=f7ee56ff-1e4d-4f69-8262-a4bd497d1d1b%7C02b61434-d32b-4300-b167-467b20289d79, Stand: 22.05.2023.

SAP Deutschland SE & Co. KG (Hg.) (2023): Was ist Enterprise Resource Planning (ERP)? Definition | SAP Insights. URL: https://www.sap.com/germany/products/erp/what-is-erp.html, Stand: 20.05.2023.

weclapp GmbH (Hg.) (2023): Über uns | Mission, Meilensteine, Team. URL: https://www.weclapp.com/de/ueber-uns/, Stand: 22.05.2023.

10 Glossar

Funktionsbezeichnung	Funktionsbeschreibung
A	
Ablaufverfolgung	Überwachung und Dokumentation von Schritten oder Fortschritt eines Projekts/Task zur Sicherstellung von Transparenz und Effizienz
Arbeitsblätter	Dokumente mit Anleitungen/Aufgaben zur Unterstützung bei spezifischen Arbeitsabläufen
Arbeitsgänge	Einzelschritte zur Durchführung einer Aufgabe oder eines Projekts
Arbeitskosten-Schnelländerung	Schnelle Anpassung der Arbeitskosten für Aufträge oder Projekte, um Aktualisierungen oder Änderungen effizient durchzuführen
Arbeitsplanzuordnung	Zuweisung von Arbeitsgängen, Ressourcen und Zeitplänen zu einem Arbeitsplan
Arbeitsplätze erfassen	Erfassung von Arbeitsplätzen oder Arbeitsstationen zur Zuweisung von Aufgaben oder Arbeitsgängen in einem Arbeitsplan
Arbeitsplatzgruppen erfassen	Erfassung von Gruppen oder Kategorien von Arbeitsplätzen, um eine effiziente Zuordnung von Ressourcen und Aufgaben zu ermöglichen
Artikel austauschen	Ersetzen eines Artikels durch einen anderen aus Gründen wie Defekt oder Kundenanforderungen

Artikel vorschlagen	Präsentation und Empfehlung einer neuen Artikel- oder Produktidee
Artikelablaufverfolgung	Überwachung und Nachverfolgung der Bewegungen, Standorte und Status von Artikeln innerhalb des Unternehmens
Artikelablaufverfolgung	Überwachung und Dokumentation der Bewegung, des Standorts und des Status von Artikeln innerhalb des Unternehmens
Artikeljournal-Menge	Erfasste Menge eines Artikels in einem Artikeljournal oder Bestandsdatenbank
Artikelname	Eindeutiger Name oder Bezeichnung eines Artikels zur Identifizierung und Unterscheidung
Artikelnummer	eine eindeutige Kennung oder Nummer, die einem bestimmten Artikel zugeordnet ist und dazu dient, Produkte zu identifizieren und zu verfolgen
Auftrag	eine verbindliche Anfrage oder Anweisung, die von einem Kunden an ein Unternehmen oder eine Organisation gesendet wird, um bestimmte Waren oder Dienstleistungen zu erwerben oder ausführen zu lassen
Auftragsnummer	eine eindeutige Kennung oder Nummer, die einem spezifischen Auftrag oder einer Transaktion zugeordnet wird, um diesen eindeutig zu identifizieren und in Geschäftsprozessen zu verfolgen

Auftragsplanung	Planung von Aufträgen zur koordinierten Durchführung von Projekten oder Aufgaben
B	
Beistellartikel ausbuchen	Entnahme oder Buchung von Beistellartikeln aus dem Lager oder Bestand für den Einsatz in Aufträgen oder Projekten
Beleg anzeigen	Anzeige oder Abruf von Dokumenten oder Unterlagen, die mit einem bestimmten Auftrag oder einer Transaktion verbunden sind
Belegtexte aktualisieren	Aktualisierung von Texten oder Anmerkungen in Belegen oder Dokumenten, um relevante Informationen oder Änderungen widerzuspiegeln
Bestellungen erstellen	Erstellung von Bestellungen für den Kauf von Waren oder Dienstleistungen bei Lieferanten
Buchungsdatum	Datum, an dem eine Transaktion oder Buchung in den Büchern oder Aufzeichnungen eines Unternehmens erfasst wird
D	
Datum	Ein bestimmtes Kalenderdatum, das für Planungs- oder Abrechnungszwecke verwendet wird
Disponieren/ Bestellvorgänge erstellen	Erzeugung von Bestellvorgängen oder Dispositionen für Materialien oder Ressourcen zur Sicherstellung ihrer rechtzeitigen Verfügbarkeit für Aufträge oder Projekte
Druckvarianten erfassen	Erfassung von verschiedenen Druckvarianten oder -

	einstellungen für die Erstellung von Druckdokumenten oder Berichten
F	
Fremdfertigungs-auftrag erstellen	Erzeugung eines Auftrags zur Auslagerung von bestimmten Arbeitsgängen oder Prozessen an externe Lieferanten oder Dienstleister
I	
Inventurposten	Aufzeichnungen oder Einträge für Inventurzwecke, die Informationen über den Bestand oder die Lagerbestände von Artikeln enthalten
Inventurposten erstellen	Erfassung und Erstellung von Einträgen oder Aufzeichnungen für die Inventur von Artikeln oder Beständen
Ist-Entnahmedatum	Tatsächliches Datum der Entnahme von Materialien oder Ressourcen gemäß den erfassten Daten oder Aufzeichnungen
Ist-Entnahmemenge	Tatsächlich entnommene Menge an Materialien oder Ressourcen gemäß den erfassten Daten oder Aufzeichnungen
Ist-Produktionsmenge	Tatsächlich produzierte Menge eines Produkts gemäß den erfassten Daten oder Aufzeichnungen
K	
Kalkulationsschemata erfassen	Erfassung von Kalkulationsschemata oder -regeln zur Berechnung von Kosten oder Preisen in Aufträgen oder Projekten

Kapazitäten	Verfügbarkeit und Auslastung von Ressourcen, Maschinen oder Arbeitskräften für die Durchführung von Aufträgen
Kapazitätsposten	Erfassung und Verwaltung der verfügbaren Kapazität für bestimmte Ressourcen oder Arbeitsgänge
Kommissionierscheine drucken	Erzeugung von gedruckten Kommissionierscheinen für den Prozess der Warenkommissionierung
Konfiguration einplanen	Planung und Zuweisung von Ressourcen oder Kapazitäten für eine spezifische Konfiguration oder individuelle Spezifikation
Konfiguration erfassen	Erfassung und Definition von Konfigurationen oder individuellen Spezifikationen für Produkte oder Aufträge
Konfiguration fertigmelden	Markierung einer Konfiguration oder individuellen Spezifikation als abgeschlossen oder fertiggestellt
Konfiguration freigeben	Genehmigung oder Freigabe einer Konfiguration für die Produktion oder Durchführung
Konfiguration rückmelden	Erfassung von Informationen oder Rückmeldungen zu einer bestimmten Konfiguration oder individuellen Spezifikation
Kopfartike-Nr.	Eindeutige Nummer oder Kennung für den Hauptartikel oder das Hauptprodukt in einem Auftrag oder einer Stückliste
Kostenkategorien erfassen	Erfassung von Kategorien für Kosten, um Ausgaben und Budgets in verschiedenen Bereichen oder Projekten zu verfolgen

Kostentypen erfassen	Erfassung von spezifischen Arten von Kosten, um eine detaillierte Kostenanalyse und -zuordnung durchführen zu können
L	
Lagererhaltungsdaten verwalten	Verwaltung von Informationen über Lagerbestände, Bestandsgenauigkeit und Lagerorten
Lagererhaltungseinheiten erstellen	Erstellung von Einheiten oder Gruppen von Artikeln für die Lagerhaltung oder Inventurzwecke
Lager-Kontoblatt	Aufzeichnung oder Bericht, der Informationen über den Bestand, die Bewegungen und den Wert von Artikeln im Lager enthält
Lfd.Nr.	Laufende Nummer oder fortlaufende Kennung zur eindeutigen Identifizierung von Einträgen oder Transaktionen
M	
Massenaktionen erzeugen	Erzeugung von Massenaktionen oder Stapelverarbeitung für eine große Anzahl von Aufträgen oder Transaktionen
Materialpositionen aktualisieren	Aktualisierung von Informationen oder Daten zu den Materialpositionen in einem Auftrag oder einer Transaktion
maximal-Einkaufspreis	Höchster zulässiger Preis für den Einkauf eines Artikels oder einer Ware
minimal-Einkaufspreis	Niedrigster zulässiger Preis für den Einkauf eines Artikels oder einer Ware

Montageaufträge erstellen	Erstellung von Aufträgen zur Zusammenstellung oder Montage von Produkten gemäß den spezifizierten Anforderungen
N	
Neuen Arbeitsplan erstellen	Erstellung eines neuen Arbeitsplans für die Durchführung von Aufgaben oder Arbeitsgängen
P	
Plan-Entnahmedatum	Geplantes oder vorgesehenes Datum für die Entnahme von Materialien oder Ressourcen aus dem Lager
Plan-Entnahmemenge	Geplante Menge an Materialien oder Ressourcen, die aus dem Lager entnommen werden sollen
Postenart	Kategorisierung von Einträgen oder Transaktionen in bestimmte Arten oder Klassifikationen
Postenressourcenkapazität	Zuordnung von Ressourcenkapazität zu spezifischen Einträgen oder Transaktionen
Produktionsauftragdokumente erzeugen	Erstellung von Dokumenten oder Unterlagen, die mit einem Produktionsauftrag verbunden sind, wie z. B. Stücklisten, Arbeitsanweisungen usw
Produktionsauftragsstatus	Aktueller Zustand oder Fortschritt eines Produktionsauftrags, der den Status der Fertigung oder Herstellung anzeigt
Produktionsauftragsverfügbarkeit	Feststellung der Verfügbarkeit von Ressourcen, Materialien und Kapazitäten für die Durchführung eines Produktionsauftrags

Projekt erstellen	Erstellung eines neuen Projekts zur Planung, Durchführung und Überwachung von Aufgaben oder Aktivitäten
R	
Ressourcen erfassen	Erfassung von Ressourcen wie Arbeitskräften, Maschinen oder Materialien für die Verwendung in Aufträgen oder Projekten
Ressourcenkataloge erfassen	Erfassung von Katalogen, die Ressourcen wie Materialien, Werkzeuge oder Geräte auflisten, um eine einfache Referenz und Verwaltung zu ermöglichen
Ressourcennr.	Eindeutige Nummer oder Kennung einer Ressource, die zur Identifizierung und Verfolgung verwendet wird
Ressourcentypen erfassen	Erfassung verschiedener Arten von Ressourcen, um ihre Eigenschaften und Verwendungszwecke zu definieren
S	
Sammelkalkulation	Berechnung von Gesamtkosten oder Gesamtressourcen für eine Gruppe von Aufträgen oder Projekten
Soll-Produktionsmenge	Geplante oder vorgesehene Menge eines Produkts, die gemäß den Anforderungen oder Plänen hergestellt werden soll
Soll-Startdatum	Geplantes oder vorgesehenes Startdatum für die Durchführung eines Produktionsauftrags oder einer Aufgabe

T	
Teilverwendungs- nachweis (einzeln)	Dokumentation oder Nachweis der Teilnutzung oder -verwendung von Ressourcen oder Materialien für spezifische Aufträge oder Projekte
Terminsimulation erstellen	Erstellung einer Simulation, um den voraussichtlichen Terminplan für Aufträge oder Projekte zu analysieren oder zu optimieren
U	
Umlagerungsaufträge erstellen	Erstellung von Aufträgen zum Transfer von Waren oder Beständen zwischen Lagerorten
Umlagerungsaufträge verwalten	Verwaltung und Überwachung von Umlagerungsaufträgen, um einen reibungslosen Warenfluss sicherzustellen
V	
Verfügbarkeits- explorer erstellen	Erzeugung eines Explorers oder einer Übersicht zur Überprüfung und Analyse der Ressourcenverfügbarkeit für bestimmte Zeiträume oder Aufträge
W	
Wertposten	Einträge oder Transaktionen, die den Wert von Artikeln, Beständen oder finanziellen Aktivitäten widerspiegeln
Z	
Zeitmodelle erfassen	Erfassung von Zeitmodellen oder Zeitplänen zur Planung und Zuweisung von Arbeitszeiten in Aufträgen oder Projekten